엄마의 문

엄마의 문
한마루 문학동인회 '젊은 꿈 이야기' 제9집

초판 인쇄 2025년 11월 15일
초판 발행 2025년 11월 20일

지은이 유명자 외
펴낸이 신현운
펴낸곳 연인M&B
기 획 여인화
디자인 이희정
마케팅 박한동
홍 보 정연순
등 록 2000년 3월 7일 제2-3037호
주 소 05056 서울특별시 광진구 자양로 73(자양동 628-25) 동원빌딩 5층 601호
전 화 (02)455-3987 팩스 02)3437-5975
홈주소 www.yeoninmb.co.kr
이메일 yeonin7@hanmail.net

값 12,000원

ⓒ 한마루 문학동인회 2025 Printed in Korea

ISBN 978-89-6253-611-9 03810

* 이 책은 연인M&B가 저작권자와의 계약에 따라 발행한 것이므로 저자와 본사의 허락 없이는
  어떠한 형태나 수단으로도 이 책의 내용을 이용하지 못합니다.

* 잘못된 책은 바꾸어 드립니다.

한마루 문학동인회 '젊은 꿈 이야기' 제9집

엄마의 문

내가 태어난 순간부터
가늠할 수 없는 무게를 기어코 버텨 내는
나와 가장 닮은 사람, 엄마

연인M&B

동인지 9집을 발간하며

짧고도 긴 2년이 지나가고 있습니다. 뭔가 특별히 한 일도 없는데 시간은 그냥 흘러가고 말았습니다. 징그럽게 더웠던 여름도 어쩔 수 없이 끝나가고 있습니다.

거울 속에 주름진 얼굴이 싫어서 거울을 보지 않게 되고 셀카를 찍어도 어쩐지 내 모습 같지 않은 모습에 속상해서 눈 돌리지만 그래도 잘 생각해 보면 지금의 이 모습이 다시는 돌아오지 않을 가장 젊은 날의 모습이 아닌가 싶습니다. 그렇게 생각하면 예쁘다 예쁘다 최면을 걸어서라도 지금을 만끽하고 싶은데 사람 마음이라는 것이 그렇게 되지를 않습니다.

그저 지나가 봐야 그래도 그때가 젊었구나 싶고 그때가 예뻤구나 싶고 지난 사진 보며 그때 사진 더 찍어 둘 걸 싶은 마음이 되지요.

아마도 우리의 만남도 그러하려니 싶습니다. 지금은 모두가 바빠서 한 번 만나기가 이리 힘들고, 다른 어떤 일정보다도 후 순위로 밀리는 만남이겠지만 시간이 지나 보면 그래도 어렵게 만났던 한 번의 만남이 추억이 되고 그때 좀 더 만날 걸 싶은 후회도 되고 하지 않을까 싶습니다. 아무리 그래도 우리는 지금 이 순간 더 중요한 일이 많아서 어쩔 수 없겠지요.

  그렇게 그렇게 이어 온 18년의 세월이었습니다. 이 세월을 이끌어 주신 박종숙 선생님, 연인M&B 신현운 선생님 그리고 사랑하는 동인분들 참으로 감사합니다.

  다음엔 이제 20주년 열 번째 동인지를 발간하게 되겠지요, 그때는 좀 더 북적북적한 우리 한마루 동인회가 되었으면 좋겠습니다.

2025년 가을
한마루 문학동인회장 유명자

| 차례 |

동인지 9집을 발간하며   4

시

유명자

구름처럼	14
AI의 속성	15
속상해	16
엄마의 문	18
제발	20

김건영

고양이	24
이별을 준비하는 너를 안고	25
달력을 뜯는 엄마	26
등	28
장마	29

김아영

여름	32
닮은 사람	33
밤의 쉼표	34
하동 여행	35
미움과 마음	36

박종숙

엄마! 아~ 하세요	40
그리움	41
혼자 걷는 길	42
하늘 가까이 둥지를 짓다	43
비 그친 길 위에	44

시

이혜성

회전목마	48
한국어 강사를 준비하며	50
엄마의 다이어트	52
우리의 300번째 날에	54
슬픈 달력	55

홍슬기

엄마 1	58
엄마의 계절	60
참나무의 사정	62
엄마 2	64

동화

안주리

　　엄마의 이름　　　　　　　　　70

수필

유수지

　　할머니를 기리며　　　　　　　84

소설

이준성

　　탈자(脫字)　　　　　　　　　92

시

유명자
김건영
김아영
박종숙
이혜성
홍슬기

유명자

2013년 문예사조 수필 등단
2014년 문학시대 시 등단
2016년 시집 「기적 같은 세상에」 출간 외 공저 다수
2018년 방송대 국문과 졸업
현재 한마루 동인회장

시

구름처럼
AI의 속성
속상해
엄마의 문
제발

작가의 말

기쁘고 즐거운 글을 쓰고픈데 왜 안 되는지 모르겠습니다. 그렇다고 특별히 슬픈 일이 있는 것도 아니고 문제가 있는 것도 아닌데 쓰여진 글들은 온통 쓸쓸할 뿐입니다. 글 쓰는 연습을 다시 해야 될 것 같습니다.

구름처럼

흐르는 듯 멈춘 듯
푸른 하늘을 유영하며
떠도는 저 덩어리
지루해 잠시 눈 감았다 떴더니
하마 저 만큼 흘러갔다

그저 잠깐인데
그대 머리카락
구름처럼 희어졌다.

AI의 속성

세상 똘똘한 줄 알았더니
아직 바보다
그저 어지럽게 흩어진
네트워크의 바다에서
비슷한 걸 건져 올려
그럴싸하게 포장했을 뿐이다

문외한의 눈엔
대충 멋져 보이나
알고 보면 어딘지 허술하다
다행이다
아직 좀 바보라서

그런데
일주일 사이에 성장을 했네

저 똘똘한 친구를
닦달해 쓰긴 하는데
잊을 줄 모르고
익히기만 하는 저 친구가
자꾸만 자꾸만
무섭다.

속상해

간만에 보는 언니
얼굴에 팔자가 늘어졌다
그렇게도 예쁘다고
잘난 척하며 살더니
이상하게도 예쁜 구석이 없다

몸 관리 열심히 잘 한다더니
도대체 뭘 관리한 건지
보는 동생 속상하게
요상하게 변했다

못생겨진 언니가
얼굴을 찡그리며
아주 속상한 얼굴로 말한다

너 얼굴이
왜 이러냐
무슨 일 있냐
관리를 좀 하지
애가 이상하게 늙었어

60도 애저녁에 지난 언니가
낼 모래 60인 동생이
하고 싶던 말을 대신한다

세월이 서로를
속상하게 한다.

엄마의 문

조금 열린 문 사이로
빛이 흘러 들어온다
무언가
웅성거림도 들린다

저 문을 조금만 더 열면
예쁜 손주놈들 얼굴이 반짝반짝 보이련만
문은 조금씩 조금씩 닫히기만 할 뿐
더 열리지는 못한다

두 주먹 불끈 쥐고 일어나
저 문을 박차고 나가고픈데
세월 속에 녹아내린 몸뚱이는
허물어져만 가고
주름진 손바닥엔 아쉬움조차 남아 있지 않다

이제 저 커다란 문이 쿵 하고 닫혀
어둠 속에 홀로 매몰된다 한들
무엇이 억울할까마는

흐릿한 눈이어도
단 하루라도
더 보고 싶은 마음만이
힘겹게
닫히는 문을 막고 있다.

제발

닫혀 가는 문틈으로
쭈그렁 할망구가 보인다
우리 엄마라는데

늘 떨어져 있다
가끔 보는 엄마는
볼 때마다 낯설어진다
아무리 기억을 뒤져도
저런 모습의 엄마는 본 적이 없다

그래도 엄마려니 하고 보고 있으니
우리 엄마가 맞는 것 같다
내가 세상에서 엄마라 부를 수 있는
단 한 사람
내 엄마가 맞다

더 변하지 말고
이대로라도 멈추었으면 좋겠는데
그럴 수 없음을 모르는
나였으면 좋겠는데

어쩔 수 없음을
너무도 잘 알고 있는 나는
차마 슬퍼도 못하고
그저 꼼짝하지 않는 문을
보고만 있다.

김건영

서울 출생
서울디지털대학 문예창작학과 졸업
2019년 계간 『연인』으로 시 등단
현재 한마루 동인

시

고양이
이별을 준비하는 너를 안고
달력을 뜯는 엄마
등
장마

작가의 말

시간이 이렇게 빠르게 흐르는 것인지 몰랐습니다. 앞으로 남은 시간이 아깝지 않게 내가 부끄럽지 않게 열심히 행복하게 살아가야겠습니다.

고양이

날이 선 두 눈이 꽃을 본다
날카로운 발톱을 깊숙이 숨기고
가녀린 숨을 내쉬며
여유로운 척 내게 인사를 한다
간신히 허기를 채운 너
힘겨운 하루를 보냈을지언정
꽃을 보는 시간을 지나치지 않는다.

이별을 준비하는 너를 안고

시간이 흐른다는 것은
너에게도 예외는 아니지
아이에서 어른이 된 나
어른에서 아이가 된 너
너를 키웠다고 생각했는데
너가 나를 키웠던 것 같다
말라비틀어진 두 다리로
간신히 붙들고 있는 숨결
네가 곧 떠날 것을 알기에
남은 시간을 손가락 접어 가며
조금만 아프고
조금만 슬프고
조금만 미안하기를
나는 간절히 기도한다.

달력을 뜨는 엄마

밤의 적막
골목 어귀에 내려앉으면
엄마의 한숨 소리

오지 않는 아빠
밤안개 사이로 서성거리는
오늘이 힘겹다

한 올 한 올
하루를 매듭짓는 것은
자식들뿐

다 큰 자식들 무엇이 걱정이라고
들여다보고 돌아서는
발끝이 무겁다

밤이 지나간다
엄마의 주름은 깊어진 채
딸들의 청춘을 바라본다

엄마는
달력을 뜯으며 기꺼이 내일을 기다린다.

등

곧게 뻗었을 등이 굽이친다
신경을 곤추세운 채 웅크린 몸
흔들리는 지하철이
그에게는 매서운 파도 같다
휩쓸리지 않으려는 거북이처럼
단단한 껍질 둘러메고
파도에 대항하며 맞잡은 두 손
사내의 아집만큼이나 단단한 굳은살이 새겨진다
불편한 친절에 난 자리에도
시선 속 깊이 잠수한 사내는
누런 이를 드러내며 거친 숨을 토해 낸다
사내의 삶의 굴곡이 되어 버린 등
파도에 나아가는 등껍질이 된다.

장마

젖은 바닥과 마주한 종이 가판대
주저앉은 노인의 모습과 닮아 있다
가난처럼 흘러드는 장맛비
찢어질 듯 젖어 가면서
꿋꿋이 노인의 하루를 받치고 있다
빗줄기가 굵어질수록
가판대 위 늘어진 풀들은
생기 가득해지는데
왜 노인은 더 시들어 가는 걸까
그냥 지나치는 수많은 뒤꿈치
노인의 시선이 따라간다
이미 비는 그쳤는데
여전히 축축한 노인 위로
해는 뜨지 않는다.

김아영

서울 출생
서울과학기술대학교 문예창작학과 졸업
2006년 『문예한국』, 『문학시대』로 시 등단
시집 「하루치의 희망과 사랑」 출간 외 공저 다수
현재 한마루 동인

시

여름
닮은 사람
밤의 쉼표
하동 여행
미움과 마음

작가의 말

삶이란 어려운 일 투성이지만
그만큼 행복한 날들도 많다고 여기며
잘 헤쳐 나가겠습니다.

여름

대답과 질문이 가득한 계절

여름 한 장의 두께가 이렇게나 두꺼웠나
사계절의 정상 궤도를 이탈한 팔월의 표정은
내가 알던 여름이 아니었다

지구의 균열을 누가 만들었지?
그래, 우리가 만들었지

뜨거운 태양 아래 세상 모든 것들은
하나의 작은 점으로 녹아내리고
나의 낙원이 되리라 믿었던 시절은
겨울에만 앓던 몸살을 선물했다

여름매미가 목놓아 애타게 울어도
자리를 내어 줄 기미가 없는 여름아
여전히 떠나지 못하고 서성이는 여름아

안녕, 잘가.

닮은 사람

당신의 여백을 채우는 것은
오롯이 나로부터 시작된 걱정이었다

이름은 휘청거리고 호칭은 짙어져 가는
벼랑 끝에 서서도 나의 손을 기어코 놓지 않는
나만의 언어를 해석할 수 있는 유일한 사람

내가 태어난 순간부터
가늠할 수 없는 무게를 기어코 버텨 내는
나와 가장 닮은 사람, 엄마.

밤의 쉼표

인생에도 행복에도 총량의 법칙이 있다는데
잠에도 그런 법칙이 있는 건지
제대로 잠을 음미한 지가 언제였는지 기억나지 않아
내게 훔치고 싶은 능력 한 가지가 무엇이냐 물어본다면
단연컨대 어지러운 꿈을 꾸지 않고
까무룩 깊은 잠에 드는 것이라 말할게
나의 밤엔 쉼표가 머물지 않는 날들이 많거든.

하동 여행

소멸해 가는 인연 속에서도
서로의 끈을 놓지 않고 이어 가는 우리
등 돌리기보다 서로의 등을 밀어 주며
여전히 함께 청춘을 걷고 있다

각자의 마음속 작은 열쇠를 나눠 가졌음에도
벌컥 문을 열지 않고 잠시 기다려 주고
똑똑똑 조심스레 두드린 뒤
세상에 지쳐 뾰족해진 속을 가만히 안아 준다

구겨진 마음은 그 손길과 온기로
다리미질한 듯 주름 없이 펴지고
기울어지던 나의 밤은 수평을 되찾아
그동안 삼켰던 절망을 뱉는다.

미움과 마음

그 얼굴을 막상 보고 나니
눈빛 한 번에 지독한 미움이 사르르 녹았다

당신의 안녕이 문득 궁금해졌고
주저하던 나의 마음은 미열처럼 끓기 시작했다

내 마음인데도 물음표가 떠오르는 건 왜일까
이 감정에서 어떤 해답을 찾을 수 있을까

분명한 의문이 있음에도
나는 희미한 미소에 잠겨 가고 있었다.

내가 태어난 순간부터
가늠할 수 없는 무게를 기어코 버텨 내는
나와 가장 닮은 사람, 엄마.
-〈닮은 사람〉 중에서

박종숙

경기도 소사 출생
숙명여대 국문과와 국민대 문예창작 대학원 졸업
1992년 『시대문학』으로 등단
시집 『기억의 문을 열면』 외 10권 출간 외 공저 다수
현재 한마루 동인

시

엄마! 아~ 하세요
그리움
혼자 걷는 길
하늘 가까이 둥지를 짓다
비 그친 길 위에

작가의 말

하루하루가 참 길고도 힘들다.
아니, 남은 날들이 너무 빨리 줄어들고 있다.
봄인가 싶었는데 어느새 삼복더위
곧 가을이 오겠고 또….
세상은 아무 일 없다는 듯 늘 평온하게 흘러가는데
돌부리에 걸린 나뭇가지처럼 옴짝할 수가 없다.
저 물결 따라 머얼리 흘러가 보고 싶다.

엄마! 아~ 하세요

오늘도 작은 숟가락 하나 들고 어머니 옆에 앉는다
식탁 앞에 앉아 계신 어머니는 허공만 바라보신다
너무너무 고요하다
백 년 가까이 바라본 허공은 어떤 빛일까
딸도 사위도 까맣게 잊어 불러도 돌아보지 않으신다
밥을 떠 넣어 드려도 그저 입에 물고만 계시는 어머니
씹는 법도, 삼키는 법도 또 잊으셨나 보다
그 옛날 어머니가 내게 밥을 먹이며 하신 말씀
"아가! 잘 먹어야 크지, 많이 먹어라."
어르며 속삭이시던 그 목소리 기억하며
이젠 내가 어머니의 손을 잡고 다시 숟가락을 들어
어머니 입에 밥을 넣어 드린다
엄마! 딱 한 숟갈만 더 드세요
엄마, 아~ 옳지 잘 하셨어요
꼭꼭 씹어서 삼키세요 꼭 꼭, 꿀~떡
이쁘고 착한 우리 엄마
또, 아~ 엄마 아~ 하세요.

그리움

모래 위에 쓴 글씨처럼
수없이 지우고 또 지운 이름
망각의 지우개가 없다면
얼마나 괴로운 날들일까
가슴 가득 출렁이는 그리움
잊는다는 것
지운다는 것
아직도 배우는 중이다.

혼자 걷는 길

나무들은 아무 말 없이 나를 놓아 준다
길 위에 지난날들이 누워 있다

깨진 조각처럼
발을 헛디딘 날들
한숨이 묻어 있다

누가 나와 함께 걸어 주었나
그리운 사람들은
길 밖의 바람처럼 스쳐 가고

개나리,
그 황금빛 작은 심장들이
내 안에서 터진다

오늘도 나를 끌고 끝까지 걸어가 본다
다정하지 않아도 좋다
내 그림자 하나면 충분하다.

하늘 가까이 둥지를 짓다

저 높은 나뭇가지 끝에 백로가 집을 짓는다
푸른 하늘 가까이 바람이 머무는 그 자리
저마다의 둥지엔 희망이 깃들고 기다림이 앉는다
하늘을 거울삼아 마음을 단장하고
세상 아래 예쁜 짝을 찾는다
나뭇가지마다 사랑의 시작이 걸려 있고
호수 위로 흘러가는 구름도
그들의 노래를 듣는다
하늘 가까이, 조용한 사랑의 성채
그 속삭임은 사람들 귀에도 은은히 퍼진다
자고 나면 하늘 닿는 나무 꼭대기에
백로들의 아파트가 또 늘어난다.

비 그친 길 위에

젖은 등껍질에 빗방울 흔적 묻은 채
엉금엉금 기고 있는 자라

풀잎 하나 등에 얹고
아직 멈추지 못한 숨결로
세상의 방향을 묻는 듯

여기가 어디인지
왜 길이 딱딱하게 식었는지
물소리 대신 바람이 안아 준다

사람들은 모르겠지
이 딱딱한 등딱지 속에
작은 호수가 있다는 걸

그 안에 깃든 시간과
느릿한 꿈과 오래된 기억이
오늘 이 낯선 아스팔트를 마주했다는 걸

자라야, 돌아갈 길을 찾을 수 있기를
너의 속도로, 너의 숨결로, 천천히,
그러나 틀림없이 넌 갈 수 있을 거야.

엄마! 딱 한 숟갈만 더 드세요
엄마, 아~ 옳지 잘 하셨어요
꼭꼭 씹어서 삼키세요 꼭 꼭, 꿀~떡
이쁘고 착한 우리 엄마
또, 아~ 엄마 아~ 하세요.
-〈엄마! 아~ 하세요〉 중에서

이혜성

울산광역시 출생
경기대학교 문예창작학과,
세종사이버대학교 한국어학과 졸업
월간 『문예사조』로 시 등단
시집 「짧아지는 연필처럼」 출간 외 공저 다수
현재 한마루 동인

시

회전목마
한국어 강사를 준비하며
엄마의 다이어트
우리의 300번째 날에
슬픈 달력

작가의 말

　사람이 숨을 쉬어야 살 듯, 글쟁이는 글의 숨결을 놓으면 살 수 없는 듯합니다. 저를 작가로서 살게 해 주고, 분주한 일상 속에서 글과 멀어지지 않도록 해 주는 우리 한마루 문학동인회에 감사드립니다. 앞으로도 어디서 무엇을 하든지 시인으로서의 정체성을 잘 붙들고 살아가겠습니다.

회전목마

꿈과 환상의 나라
수많은 웃음들이 반짝이며 내린 곳
온종일 같은 궤도를 도는 것이 일과인
말들이 천장에 매여 있다

어린이 보호구역, 속도제한 걸린 자동차처럼
아니 그보다 훨씬 느리게
다그닥 다그닥 발굽 소리 대신
기계에서 나오는 음악만이 들릴 뿐

비슷해 보이지만 각기 다른 모습
생각건대 그 옛날 전장을 누비던
적토마나 오추마의 모습일까
전쟁을 승리로 이끌던 병거들의 잔상일까

폐장 후 정적과 어둠이 끼얹어지면
그들이 일어나 소리 없이 울부짖고
온 땅이 진동하도록 달린다는 이야기
아무도 모를 그들의 눈물

이제 잠깐의 즐거움을 태우고
터벅터벅 쉴 새 없이 걷고 또 걷는다
자유를 위해 매인 말들을 타러 가자
꿈과 환상의 나라로.

한국어 강사를 준비하며

다 다르게 생겨 말썽이다
세상 곳곳 흩어진 말의 조각들
열심히 맞춰 보려 애쓰는 사람들

갖은 풍파에도 굳게 버티어 온 우리말
물 건너 알고자 하는 사람이 많다기에
가르치고자 먼저 공부해 본다

읽고 듣고 익혀 갈수록
자연스럽던 우리말이 어색해지고
모든 부분에 '왜?'라는 물음표가 붙는다

하나하나 되짚다 보니
어린아이가 되어 다시 옹알이하는 듯
한국어가 이렇게 어려웠을 줄은

잘 안다고 잘 가르치는 것은 아니다
너무나 익숙하기에 오히려 더딘
그들의 눈높이로 내려가는 일

한평생 친해 왔지만
익숙함에 스민 독을 피할 수 없어
오늘도 가갸거겨, 낯섦에 잠긴다.

엄마의 다이어트

먹는 둥 마는 둥 엄마 식단
누가 봐도 마른 체형이지만
건강을 위해 평생 다이어트

매일 아침, 소스 뺀 양배추 샌드위치
저녁은 이른 시간 고구마나 단호박
채소 주스로 치장한 엄마의 식탁

내가 어릴 때 지지리 안 먹어 속썩였다는
부모님과 주위 어른들의 증언
그래서 키가 안 컸나

아들 둘 키우느라 쌓인 주름이
깊고 긴 그 모양이 마치
빵조각 위 겹겹이 올린 양배추 같다

소스 없어 싱거운 샌드위치는
하고픈 것 다 하지 못하고 산
엄마 세월이랑 비슷한 맛일까

누군가 눈물이 왜 짜냐고 묻는다면
짠 것은 건강에 좋지 않아서
다 흘려 버려서 그렇다고 대답해야겠다.

우리의 300번째 날에

채 몰랐죠, 이런 것인 줄
보릿고개 넘듯 힘겹게 딛는 걸음과
라면처럼 구불구불 굽은 길 가는 일
평범한 사람 사는 게 다 그런 줄 알았죠
생생히 떠오르는 첫 만남의 기억
사진으로 남긴 우리의 수많은 장면들 속
랑방 에끌라 드 아르페쥬, 이름 긴 향수보다도
해맑은 그대 미소가 내게 알려 주었죠
요거트 한 스푼의 달콤함 같은 삶을.

슬픈 달력

눈가리개에 갇힌 경주마는
결승선이 어디인지 알지 못한다
그 돌아볼 틈 없는 뜀박질처럼
달력 속 숫자도 끊임없이 전진이다

날짜가 가득 차면 달이 바뀌고
열두 달마다 새해가 오는 것은
멈춘 적도 뒷걸음한 적도 없는 역사

내달리는 그 시간들을
한 번도 빠짐없이 일곱 날마다
뫼비우스의 띠처럼 반복해 온
요일이라는 녀석이 있다

우리는 모른다, 그들의 애달픔을
절대 뒤돌아보는 법 없는 날들과
계속해서 돌아오는 일월화수목금토

단순히 지구의 자전과 공전 때문일까
일곱 날이 지나면 요일은 돌아오지만
같은 날은 다시 만나지 못한다는 것
달력, 그들의 슬픈 사연.

홍슬기

국립인천대학교 국어국문학과 졸업
2005년 『문학시대』로 시 등단
시집 「하늘을 뻗는 나팔꽃」 출간 외 공저 다수
현재 한마루 동인

시

엄마 1
엄마의 계절
참나무의 사정
엄마 2

작가의 말

개인적으로 긴 월동을 끝내고 원고지를 붙잡고 있으려니 막막하고 두렵고 한편으로는 끼가 났습니다. 어느덧 엄마가 되어 이번 동인지의 주제인 '엄마'를 가지고 글을 써 내려가는 나를 보니, 새삼 놀랍고 감격하고 얼마나 감사하던지요. 작은 펜일지라도 귀히 움직여 주신 하나님께 모든 영광을 돌립니다.

엄마 1

　어느 날 갑자기 시가 쉽게 쓰여지다니. 남의 나라 육첩방, 엄마가 사랑해 마지않던 시인을 생각하며 매우 부끄러운 밤이구나

　오늘 아침 말간 눈을 비비며 내 가슴으로 뛰어드는 네 물복숭아 같은 두 뺨이 둥실둥실 떠올랐지. 간밤에 엄마가 삶아 놓은 계란 하나에도 호박벌 같은 궁둥이를 들썩이며 쪼아먹는 어여쁜 네 마음 어렵다, 내 닮기가 참 어렵다

　시는 엄마가 참 사랑했고, 사랑하고 이렇게 쉽게 쓰여지면서도 아직도 어렵구나. 무수한 삶들과 인사하고 벗하고 시원하게 울고 헤어지고 다시 만나고, 서로의 행간을 더듬으며 시처럼 살아간다는 것은 겨웁도록 어려워

　아들아. 네 길이 동화처럼 깍두기 공책처럼 일기장처럼 수필처럼 소설처럼, 결국엔 한 편의 멋진 시가 되어 아카시아 내음이 가득한 길이 되길 바란다

너와 함께 나도 매일 같이 자라나고 있는 게지. 매일 밤 무릎을 꿇고 예수님의 마음을 떠올리며, 새끼를 품은 어미의 모습은 흉내 낼 수 있어도, 차디찬 맨방을 눈물로 적시는 꺼억새가 되는 것은 여간 아니기에

가만히 눈을 감으면 얼룩진 얼굴들이 지나간다. 이제는 맑은 구름이 떠 있는 네 동산에 내 모습도 잔잔히 담겨 있단다.

엄마의 계절

우리 엄마가 이따금 사 주시는 용과는요. 반으로 갈라서 숟가락으로 퍼먹으면 부드러운 맛이 꼭 구름을 씹는 것 같아요. 몽글몽글 순두부 과육에 까만 깨들이 콕콕 박힌 용과!

한여름 시원한 에어컨 앞에 앉아 먹는 용과, 망고, 파파야, 리치, 구아바는요. 한입 가득 물면 찐덕찐덕한 여름이 한철 손님 되어 걸음아 나 살려라 하고 도망간대요

엄마는 용과를 썰다 말고 한숨을 푹 쉬며 옛날이야기를 하세요. 엄마 어릴 적에는 용과가 아니라 아빠 똥똥배만 한 수박을 반으로 쩍 갈랐대요. 빨간 과육은 지금 수박 같지 않은 풋풋한 풀내와 적당한 단맛이 퐁퐁 나왔대요. 엄마, 삼촌은 용과보다 두꺼운 수박씨로 따발총 멀리 쏘기 놀이를 하며 온 거실 바닥을 수박씨로 도배를 하다, 할머니에게 등짝을 맞고 신나게 도망 다녔다고 해요

할머니가 좋아하시던 딱딱복숭아, 참외, 자두는 무슨 맛이었을까요? 책에서 보던 그것들은 향긋하고 달큰하고 은은한 맛이 그만이었다고 해요

그 시절에는 길을 걷다 나무 그늘 밑으로 잠깐 들어가면 솔솔바람이 불었다고 하고요. 한여름에는 바다에 반팔을 입고 들어가도 해파리가 물지 않고 바닷물에도 아무 냄새가 나지 않았대요

그때는 사람들도 선선한 웃음에 선선한 옷들을 입고 선선한 과일들을 먹고 살았대요. 오늘은 또 유치원 가는 길 벽에 민달팽이들이 말라붙어 있었어요. 매캐한 더위에 그만 숨지 못했나 봐요. 그 벽을 따라붙은 전단지들은 백기처럼 펄럭이고만 있었어요.

참나무의 사정

아파트 앞 하수구 구멍에 장수풍뎅이 암컷이 서 있었다

여섯 다리로 하수구 판을 위태롭게 붙잡고 있는 것이

흐르는 오수 아래로 곧 떨어질 것만 같았다

그 앞 화단에는 참나무 한 그루가 서 있었다

살갗이 따갑도록 내리쬐는 한여름 오후에도

제법 밑동이 굵은 나무는 움직임 없이 소리도 없이

두 팔을 가득 벌리고 그 햇볕을 다 맞고 있었다

까치는 매서운 눈으로 장수풍뎅이를 노려보고만 있었다

오호라, 그런 것이구나

한 식구가 이사를 와도 아파트 동네는 한나절 시끌시끌한데

나무 위에 사는 벌레들, 거미들, 새들

나무 밑 뿌리까지 겨우내 필사적으로 움켜쥐고 그러쥐었을 모든 것에겐

매일매일이 한바탕 잔치이고 전쟁터였으리라

천고의 시간을 애벌레로 땅속에서 기다리다가

매끈한 갑옷을 입은 지 얼마 안 된 꽃 한 송이가 지려는 순간

몇 계절이든 기꺼이 그것에게 자리 한편을 내주던 참나무가

긴 나뭇가지를 뻗어 까치 앞을 가로막는다

기다려

아직 잡아먹지 마, 지켜 보자

까치는 날개로 부리만 연신 닦으며 그것을 지키고 있었다

아무것도 모르는 어린것들은 깔깔거리며 지나가는

시끄러운 7월의 어느 날이었다.

엄마 2

너의 뜰은 종종 고독했으면 좋겠다
나뭇잎이 얼마나 찬찬히 떨어지는지는
가끔은 하늘을 바라보아야만 알 수 있지
우리는 바스라진 나뭇잎들이 언제고
바람에 몸을 담글 수 있는 빈 뜨락이 되자

우리는 그곳에 넓은 돗자리를 펴고 앉아
가을 녘이 얼마나 뜨거운 혀로
오늘 하루를 도닥이는지
얼마나 뜨거운 안부를 핥고 가는지 바라보자

어제는 너와 나 그 뜨락에 손을 잡고
밤 구름이 달을 스쳐 가는 것을 보았다
눈을 감고 밤하늘에 보이지 않는 별들을 생각했다

여기는 빈 뜨락
여기서는 볼 수 없는 별자리도 네 가슴에 품을 수 있다
남극 어딘가에 떠 있을 남십자자리를
네 손바닥 위에 열십자로 그려 본다
선선한 가을바람이 코끝을 스쳐 간다.

그 시절에는 길을 걷다 나무 그늘 밑으로 잠깐 들어가면
솔솔바람이 불었다고 하고요.
한여름에는 바다에 반팔을 입고 들어가도 해파리가 물지 않고
바닷물에도 아무 냄새가 나지 않았대요
-〈엄마의 계절〉중에서

동화

안주리

안주리

서울 출생
동덕여대 문예창작과 졸업
2009년 『문학시대』로 아동문학 등단
한마루 문학동인회에서
2011년 총무, 2012년부터 2015년 회장
2022년부터 2023년 총무 역임
현재 한마루 동인

동화

엄마의 이름

작가의 말

많은 사건과 사고 속에서도 올해 여름은 지나가고 있다.
곪았던 고름이 터지듯 개인의, 혹은 사회의 쓰디쓴 시간들이 팝콘처럼 터져
우리의 콧등 위에 톡 하고 떨어지는 모습을
시원하고 후련한 마음으로 웃으며 기억할 수 있는
그런 여름으로 남길.

엄마의 이름

햇살은 반짝이고 바람은 간지러운 어느 따스한 봄날이었어요. 강우는 아빠, 엄마와 함께 자동차를 타고 로봇 박물관으로 향했습니다.
"엄마! 로봇 박물관에 가면 진짜 로봇을 볼 수 있어요?"
들뜬 목소리로 강우가 물었습니다.
"당연하지. 강아지를 닮은 로봇, 눈사람을 닮은 로봇, 사람을 닮은 로봇들도 볼 수 있어."
강우의 눈이 반짝였습니다.
"엄마, 그럼 우주선도 있어요?"
강우의 물음에 엄마가 활짝 웃으며 대답했습니다.
"물론이고 말고! 우리는 오늘 그 우주선에 타 볼 예정이란다."
엄마의 말에 강우는 신이 난 표정을 감출 수 없었습니다.
'우주선을 타면 어디로 가는 걸까? 우주로 가는 걸까? 아님 공룡 시대로도 갈 수 있을까?'
강우는 이런저런 상상을 하며 즐거운 표정으로 창밖을 바라보았습니다.

　잠시 후 박물관에 도착한 강우는 눈이 휘둥그레졌습니다. 구름처럼 생긴 아주 커다란 건물이 보였고 그 건물의 창문에는 우주, 행성, 숲, 바다와 같은 화려한 영상들이 음악과 함께 차례로 나오고 있었기 때문이었습니다. 강우는 건물을 밖에서 보는 것만으로도 벌써 먼 우주나 미래에 온 것만 같았습니다.

　"엄마, 아빠! 빨리요!"

　정문으로 달려가던 강우가 흥분된 목소리로 말하자 아빠와 엄마는 흐뭇한 미소를 지으며 강우의 뒤를 따랐습니다.

　건물 안으로 들어서자 더욱더 멋진 장면이 펼쳐졌습니다. 끝이 보이지 않는 까만 허공에 많은 별들이 떠 있어 마치 우주 속을 걸어가는 듯했어요. 그 속에서 많은 사람들이 다양한 것들을 체험해 보고 있었습니다. 로봇을 타고 움직여 보기도 하고 멀리서 조이스틱으로 조종도 하고, 가까이 다가가 직접 대화를 하기도 했으며 그들이 만들어 준 맛있는 음식들을 먹기도 했습니다. 그중 강우보다 어린 친구들은 엄마와 아빠의 품에 안겨 허공에 있는 별들을 만져 보려고 손을 뻗어 보기도 했답니다.

　"아빠, 엄마! 너무 멋져요!"

　"그래, 정말 멋있구나! 당신은 어때?"

　아빠가 엄마에게 물었습니다.

　"나도 이런 경험은 처음이야. 가슴이 두근거려."

　엄마도 황홀한 표정으로 주변을 둘러보며 대답했습니다. 그때 강우의 눈에 작은 우주선이 보였습니다.

"엄마, 아빠! 저거 타 보고 싶어요!"

강우는 부모님의 손을 잡고 우주선으로 향했습니다. 그곳에 가자 강아지 로봇이 그들을 맞이했습니다.

"어서 오세요! 제 이름은 흥부입니다. 그렇지 않아도 이제 막 탑승을 시작하려던 참이었는데, 여러분이 첫 번째 탑승객이 되는 행운을 갖게 되었네요."

말하는 강아지 로봇을 보자 강우와 엄마 그리고 아빠는 신기한 표정을 지었습니다.

"우리 나중에 강아지 키우게 되면 이름을 흥부라고 짓자."

강아지 로봇을 귀엽다는 표정으로 지켜보던 엄마가 환한 미소를 지으며 말하자 강우도 활짝 웃으며 고개를 끄덕였습니다. 그때 흥부가 고개를 우주선으로 돌리자 문이 열렸습니다. 강우는 심장이 두근거렸습니다.

"한 번에 두 사람만 탑승할 수 있습니다. 자리에 앉아서 안전벨트를 반드시 매 주시고 원하시는 행성이나 시대를 말씀해 주시면 그리로 모시겠습니다."

흥부의 말에 강우와 엄마가 우주선 안으로 들어갔고 아빠는 흥부와 함께 밖에서 둘을 지켜보았습니다. 강우와 엄마는 자리에 앉아 안전벨트를 맨 후 가고 싶은 곳을 말했습니다.

"저희는 공룡시대로 가고 싶어요!"

강우가 외치자 강아지 로봇이 대답했습니다.

"알겠습니다. 공룡시대로 모시겠습니다. 발밑의 빨간 버튼은 비상시에 눌러 주시되 단, 절대 우주선이 움직일 때 누르시면 안 됩니다."

 흥부의 말이 끝나자 우주선 문이 닫히고 주변이 깜깜해졌습니다. 아무것도 보이지 않자 강우는 덜컥 겁이 나기 시작했습니다.

 '갑자기 공룡이 나타나서 우릴 잡아먹으면 어쩌지?'

 강우는 두려움에 엄마를 불렀습니다. 그런데 이상하게도 목소리가 나오지 않았어요. 놀란 강우는 울음이 날 것 같았습니다. 몇 번이고 엄마를 불러 보려고 했지만 역시나 목소리는 나오지 않았습니다. 무서웠던 강우는 발밑의 빨간 버튼을 힘껏 눌렀습니다. 그러자 우주선의 불이 켜졌고, 고개를 옆으로 돌린 강우는 그만 울음을 터뜨리고 말았습니다. 엄마가 사라졌기 때문이었어요. 놀란 강우는 엄마를 계속 불렀습니다.

 "엄마~ 엄마~."

 그러나 대답이 없었습니다. 그때 우주선 문이 열리고 아빠와 흥부가 들어왔습니다.

 "엄마가 사라졌어요. 제가 우주선이 이동할 때 그만 버튼을 누르는 바람에……."

 훌쩍이는 강우를 아빠가 다독여 주었습니다. 그때 우주선에 있는 화면을 보던 흥부가 말했어요.

 "엄마가 어디 있는지 찾았어요! 두 분은 자리에 앉아 주세요."

 강우는 아빠와 함께 자리에 앉았습니다. 문이 닫히고 흥부가 버튼을 조작하기 시작했습니다. 이번엔 흥부도 함께였습니다. 다시 주변이 깜깜해졌습니다. 강우는 역시나 무서웠지만 엄마를 찾기 위해 꾹 참았습니다. 잠시 후 다시 불이 들어왔고 흥부가 우주선 문을 열자 작은 숲이 나왔습니다.

"이곳은 과거 한국이고, 여기에 너희 엄마가 있어. 나는 우주선을 지켜야 하니 아빠와 함께 엄마를 찾아 돌아오도록 해. 단, 한 시간 안에 돌아와야 해. 무슨 일이 생기면 여기다 대고 이야기하고."

흥부가 손목시계를 주며 말했습니다. 강우는 자신의 손목에 시계를 찬 후 아빠의 손을 꼭 잡고 우주선 밖으로 나가 엄마를 찾기 시작했습니다. 시간이 얼마나 흘렀을까, 어디선가 여자아이의 울음소리가 들렸습니다. 강우는 아빠와 함께 그곳으로 달려갔습니다. 그러자 강우와 비슷한 또래의 소녀가 울고 있었습니다.

"왜 울고 있어?"

강우가 천천히 다가가 물었습니다.

"가족을 잃어버렸어."

여자아이는 훌쩍이며 말했습니다.

"나도 엄마를 잃어버렸는데……."

강우가 슬픈 표정을 지으며 말했습니다.

"이름이 뭐니?"

아빠가 물었습니다.

"모르겠어요. 기억이 안 나요."

소녀가 슬픈 표정으로 대답했습니다. 강우와 아빠는 서로를 쳐다보다 소녀의 가족도 함께 찾아 주기로 했습니다. 셋은 그렇게 숲을 돌아다니기 시작했어요. 그때 소녀가 물었습니다.

"어디서 왔어?"

강우와 아빠는 그 질문을 듣자 난감했어요. 그때 아빠가 말했습니다.

"우린 부산에서 왔어."

"부산이요? 그곳은 엄청 큰 항구도시라던데!"

"맞아."

아빠는 웃으며 고개를 끄덕였습니다. 사실 부산은 아빠의 고향이었습니다. 그곳에 할머니와 할아버지가 계셔 강우도 부모님과 종종 가던 곳이었습니다. 소녀를 보던 강우가 물었습니다.

"근데, 너는 어떻게 하다 가족을 잃어버리게 된 거야?"

강우의 말에 소녀의 표정이 또다시 슬프게 변했습니다.

"모르겠어. 기억이 잘 안 나. 가족들과 멋진 곳을 갔던 거 같은데 정신을 차려 보니 여기였어."

곧 울음을 터뜨릴 거 같은 소녀를 보자 미안해진 강우는 서둘러 다른 질문을 했습니다.

"좋아하는 음식은 뭐야?"

강우의 질문에 소녀는 슬픈 생각을 잠시 잊고 대답했습니다.

"빵, 나는 빵을 좋아해!"

"어? 나도. 우리 엄마도 빵을 무지 좋아하는데! 그렇죠? 아빠?"

강우의 질문에 아빠가 고개를 끄덕였습니다. 기분이 좀 나아진 소녀가 입을 열었습니다.

"그리고 나는 강아지도 무척 좋아해! 나중에 꼭 키우려고. 이름도 다 정해 놨어."

"정말? 뭐라고 지을 건데?"

"흥부."

"흥부?"

강우와 아빠가 놀란 눈으로 소녀를 쳐다보았습니다. 그때 강우가 미처 보지 못한 돌부리에 걸려 넘어졌습니다. 놀란 아빠와 소녀는 강우에게 달려갔습니다.

"많이 다쳤어?"

아빠가 걱정스러운 표정으로 묻자, 강우가 대답했습니다.

"괜찮아요. 작은 상처만 조금 났어요."

강우의 상처를 본 소녀는 얼굴이 어두워졌습니다.

"조심해야지. 소중한 강우가 다치면 엄마가 속상해."

강우는 소녀의 말에 놀랐습니다. 그 말은 강우가 다칠 때마다 엄마가 하는 말이었기 때문이었어요. 아빠가 강우를 업으려는데 강우가 소녀에게 물었습니다.

"혹시, 꿈이 뭐야?"

갑작스러운 강우의 질문에 소녀는 잠시 놀랐지만 대답하기 위해 입을 열었습니다. 아빠 역시 강우가 왜 그런 질문을 했을까 궁금했지만, 말없이 지켜보았습니다.

"내 꿈은 간호사야. 아픈 사람을 돕고 싶거든."

강우의 눈이 커졌습니다.

"우리 엄마랑 너무 비슷해……."

강우의 말에 아빠가 설마 하는 표정으로 소녀를 쳐다보았습니다. 그때 강우가 차고 있던 손목시계가 울렸습니다. 버튼을 누르자 흥부의 목소리가 들렸습니다.

"엄마를 찾았으면 빨리 돌아와야지. 왜 안 오고 있어?"

강우와 아빠는 놀란 얼굴로 서로를 바라보았고, 소녀는 시계에서 들린 목소리에 놀라 강우와 아빠를 쳐다보았습니다.

 "아빠, 아무래도 저 소녀가 우리 엄마 같아요!"

 "뭐? 그럴 리가."

 강우와 아빠가 동시에 고개를 돌려 소녀를 쳐다보았습니다.

 "너 이름이 뭐라고 했지?"

 강우가 묻자 우울한 표정으로 소녀가 대답했습니다.

 "나? 기억이 안 난다고 했는데."

 "네 이름 혹시, 지유진 아니야?"

 강우의 말에 갑자기 소녀의 표정이 변하더니 주변에 바람이 일기 시작했습니다. 그리고 순식간에 엄마의 모습으로 변했습니다.

 "맞아, 나는 지유진이야. 나는 사랑스러운 우리 강우의 엄마이자 듬직한 내 남편의 아내야!"

 "여보!"

 "엄마!"

 강우와 아빠는 엄마를 향해 달려갔습니다. 둘을 본 엄마 역시 강우와 아빠에게 달려갔습니다. 강우와 아빠는 엄마를 꼭 안았고 엄마 역시 둘을 품 안에 꼭 안았습니다.

 "엄마, 죄송해요. 제가 우주여행 할 때 무서움에 그만 버튼을 눌러서 이렇게 됐어요."

 강우가 훌쩍이며 말했습니다.

 "괜찮아, 다시 이렇게 돌아왔잖아. 그리고 덕분에 엄마의 어린 시절로 다시 돌아와 보기도 하고, 좋았어. 이곳은 엄마가 어릴 적 가족들과 종종 소풍을 오던 곳이었거든. 항상 부모님이 내 이름을 크게 불러 주시며 놀던 곳이라 좋은 기억이 많은 곳이야."

주변을 둘러보던 엄마는 다정한 얼굴로 강우를 바라보며 말을 이었습니다.

"우리 강우도 엄마처럼 행복한 기억이 많았으면 좋겠다."

"여보, 강우야. 우리 이제 얼른 우주선으로 돌아가야 해."

그때 시계를 확인한 아빠의 말에 셋은 손을 꼭 붙잡고 우주선으로 달려갔습니다. 그곳에 도착하자 흥부가 기다리고 있었습니다. 강우와 엄마, 아빠가 우주선에 올랐고 그들은 다시 현실로 돌아왔습니다. 강우는 흥부에게 말했습니다.

"흥부야, 엄마를 찾을 수 있게 도와줘서 고마워. 그리고 미안해."

"괜찮습니다. 이 우주선에 탄 손님들을 지키는 게 제 일인 걸요. 엄마를 무사히 찾게 돼서 기쁩니다."

강우네 가족은 흥부에게 고마움을 전하며 인사를 한 뒤 박물관을 나왔어요.

"작은 사고가 있었지만, 특별한 추억이 생긴 것 같아 너무 좋구나." 엄마가 말했습니다.

"그러게 말이야. 이번에 또 느꼈어. 우리 강우와 당신이 내게 너무 소중하다는 걸."

아빠가 말하자 강우도 입을 열었습니다.

"저도요. 그리고 엄마의 어린 시절 모습을 보게 돼서 신기하고 즐거웠어요. 우리 앞으로도 행복한 기억들 많이, 많이 만들어요."

강우의 말에 엄마와 아빠는 함박웃음을 지었습니다. 강우는 그런 부모님의 손을 잡고 걸어가며 따뜻함과 행복을 느꼈습니다. 오늘 하루는 강우의 가족에게 너무나도 특별하고 멋진 날이었습니다. 강우와 엄마, 아빠의 얼굴이 환한 웃음으로 물들었습니다.

수필

유수지

유수지

서울 출생
연세대학교 행정학과 졸업
2009년 계간 『연인』으로 아동문학 등단
동화집 「할머니와 틀니」 출간 외 공저 다수
현재 한마루 동인

수필

할머니를 기리며

작가의 말

정말 많이 사랑한 할머니와의 기억을 꺼내 보고 싶었습니다. 그리움 속에서 추억을 더듬다 보니 다소 사적인 이야기로 채워졌을지도 모릅니다. 제 안에 남아 있는 할머니의 삶을 기리고 오래 기억하기 위한 작은 기록이자 고백을 들어주셔서 감사합니다.

할머니를 기리며

 삶의 반대말은 무엇일까. 어떤 철학자는 삶의 반대가 '의욕하지 않는 것'이라고 했다. 살아가려는 힘을 잃고, 더 이상 무언가를 바라지 않는 상태가 곧 죽음이라고 본 것이다. 하지만 그동안 내게 삶의 반대는 그보다 훨씬 단순했다. 사전적 의미 그대로, 단순히 사라지는 것. 곧 죽음이었다. 운 좋게도 나는 지금까지 가까운 사람의 죽음을 직접 겪은 적이 없었다. 누군가의 장례식에 조문을 간 적은 있었지만, 그것은 어디까지나 '남의 이야기'였지 내 이야기는 아니었다. 죽음은 내 바깥에 있는 일이었고, 언제나 한 발짝 떨어진 자리에서만 바라봤다. 만약 언젠가 죽음의 의미를 내게 가장 먼저 알려 줄 이는 아마 할머니일 거라고 막연히 생각해 왔었다. 그런데 그 순간은 작년 여름, 생각보다 갑작스럽게 찾아왔다.
 화장실에서 넘어져 고관절이 부러진 뒤 요양병원에 입원한 지 거의 1년. 이제는 우리에게 할머니의 병원 생활이 자연스러워질 즈음이었다. 자정을 막 넘긴 시각. 병원에서 할머니가 위독하다는 연락이 왔다. 부모님은 그래도 아직은 괜찮으실 것이라며 먼저 가셨는데, 병원에 도착하신 지 채 20분도 되지 않았을 때 할머니는 잠든 상태에서 조용히 숨을 거두셨다고 한다. 그때 곧장 따라가지 못한 게 여전히 후회스럽다. 무엇보다 할머니의 임종은 할머니라는 사람 과는 어딘가 어울리지 않아, 지금도 어딘가 현실감 없이 멀게만 느껴진다.

1931년생인 할머니는 그 자체로 역사의 격변기를 함께한 사람이었다. 고향은 북한. 일제강점기 시절엔 순사들의 검문을 쌀 한 되로 넘겼어야만 했고, 6.25전쟁 당시엔 군인이었던 남동생 덕분에 가족 모두가 군용차를 얻어 타고 남쪽으로 피난을 왔다. 하지만 편안함도 딱 거기까지. 이후 피난 행렬에 합류했는데, 그 고된 나날 속에서 할머니의 어머니께서 세상을 떠났다. 할머니는 당시 수레에 시신을 싣고 오르막을 오르다 시신이 굴러 내리기를 반복했던 이야기를 담담하게 들려주시기도 했다.

돌이켜 보면 할머니는 한 사람의 삶이 얼마나 단단할 수 있는지를 보여 준 사람이었다. 할아버지는 장남인 아빠가 초등학생 때 돌아가셨다고 한다. 칠순도 넘은 우리 아버지를 생각하면 할머니는 반세기를 훨쩍 넘는 세월을 혼자서 견디며 가족을 일구며 살아온 거다.

아무튼 할머니는 전쟁 이후 대구에 정착했는데 작은 집이어도 그때 마당을 좀 예쁘게 꾸몄던 모양이다. 지나가던 사람이 집이 예쁘다고 자신에게 팔라고 해서 판 것이 할머니의 첫 부동산 거래이자 이후 수많은 사업의 출발점이 되었다. 돈가스 공장, 의류 공장, 웨딩홀 사업, 임대업까지. 시대의 흐름을 읽고 기회를 잡는 데 주저함이 없었다. 놀라운 것은 이런 모든 일을 해낸 할머니가 글자를 읽지 못하는 문맹이었다는 사실이다. 그러나 문맹은 할머니에게 장애물이 되지 않았다. 오히려 더 크게 세상을 읽을 줄 아는 힘을 길러 주었는 지도 모른다. 추진력이 남달랐던 할머니는 10년 전쯤부터 요양병원 이 뜨는 것 같다고 그 사업을 하고 싶어하셨다. 물론 아빠와 작은아빠 그리고 고모가 여든을 넘긴 연세를 생각하시라며 말렸지만.

어쩌면 할머니에게 삶은, 엄마로서 가족을 위해 돈을 벌 기회를 놓치지 않는 도전의 연속이었을지도 모른다. 며칠 전 할머니 추도 예배를 드리며 문득 그런 생각이 들었다.

94세. 1931년생. 누군가는 오래 사셨다, '호상'이라 말할 수 있겠지만, 내게는 여전히 하고 싶은 것이 많았던 할머니가 무(無)로 돌아가기엔 이른 나이였다.

비록 글자를 읽지 못했지만 누구보다 세상을 크게 읽어 냈고, 홀로 험한 세월을 꿋꿋하게 건너며 당당히 길을 만들어 나갔던 분. 아직도 나는 죽음의 의미가 무엇인지, 이미 떠나간 사람을 어떻게 기리고 기억해야 하는지 알지 못한다. 다만 할머니가 가장 자랑스러워하던 손주였던 내가 지금은 너무 세상에 순응하며, 너무 쉽게 찌들어 살아가고 있는 건 아닌가 하는 그 물음이 오래 남는다.

삶의 반대말은 단순히 죽음일까. 아니면 더 이상 의욕하지 않고, 도전하지 않는 상태일까. 나는 이제 죽음을 이렇게 받아들여 볼까 한다. 죽음은 끝이 아니라 남겨진 이들에게 삶을 어떻게 살아야 할지 묻는 시작이기도 하다는 것을. 아마도 그 물음을 끊임없이 스스로 던지며 살아가는 것, 그것이야말로 내가 할머니를 기리는 나다운 방식이지 않을까 싶다.

죽음은 끝이 아니라 남겨진 이들에게
삶을 어떻게 살아야 할지 묻는 시작이기도 하다는 것을.
아마도 그 물음을 끊임없이 스스로 던지며 살아가는 것,
그것이야말로 내가 할머니를 기리는 나다운 방식이지 않을까 싶다.
-〈본문〉 중에서

소설

이준성

이준성

2020년 계간 『연인』으로 시 등단
2021년 웹툰 스토리 각색 스튜디오 WM 시나리오 작가
2022년 백석예술대학교 극작과 졸업
웹툰 스토리 창작회사
현재 한마루 동인

소설

탈자(脫字)

탈자(脫字)

어떤 이야기는 심하게 자기파괴적이네. 지평선을 떠다니는 귀신들처럼, 보이지만 다가갈 수 없는 장소에 희망을 한 줌 뿌려 두고, 잡을 수 없는 행복을 좇아 망상병 걸린 환자마냥 사막을 가로지른다. 땅끝에서 시작한 황야는 다시 땅끝으로 이어지고, 시대의 끝에서 시작된 노래는 다시 한 시대의 끝으로 이어진다. 나는 펜을 들고, 첫 문장을 고치고, 어설프게나마 노인의 복장을 그려 본다. 비대하게 자라난 문장을 가지가 아닌 숫사슴 뿔 떨구듯 떨궈 보려 한다.

기차를 타고 떠도는 노인이 있었네. 모래벌판을 회전초처럼 방랑하는 기차였지. 그는 입석 표를 끊고 짐칸을 가득 채운 여행자들의 짐가방 위에 걸터앉아, 싸구려 끓인 술을 마시며 기타줄을 퉁기는 노인이었다네.

노인은 옷을 입고 있었지. 게다가 꽤 단정한 차림새였어. 하지만 우리가 생각하는 양복이나 제복 같은 옷차림은 아니었네. 미역 줄기처럼 기다랗지만 새하얀 천 한 장이 있다고 가정하자면, 허리춤에서 시작된 천을 허리를 통해 두 번 돌리고 사타구니 쪽으로 한 번 뺀 다음 등 뒤로 올려서 머리를 중심으로 양 어깨에 한 번씩 돌려 걸친 복장이었지. 히잡이나 히마티온 같은 분위기는 아니었어. 티베트의 승려들 같은 분위기도 아니었고, 앞서 말했다시피 그 복장은 꽤 단정한 차림새였어. 옷의 군더더기가 없었고, 각이 져 있었지. 이국적인 복장이었네. 단언컨대 그 복장은 우주 어딜 가든 이국적인 복장일 거야. (편지와 함께 첨부한 사진을 볼 것)

노인의 곁에는 늘 술 한 병이 있었네. 도대체 언제 만들어진 건지 감도 안 잡히는 낡은 술병이었지. 그러나 앞서 말했듯 좋은 술은 아니었네. 나는 술에 문외한이지만 아주 좋은 것과 매우 나쁜 것은 그것을 모르는 사람이 보더라도 알아차릴 수 있기 마련이거든. 노인의 술은 후자에 속했네. 틀림없이 향이 좋았지만, 인공적인 감미료 향이 진했지. 게다가 날마다 향이 달라졌어. 나는 확신했네. 노인은 술을 즐기고 있는 게 아니라, 술병을 즐기고 있는 거라고. 기차가 정차할 때마다 역사에 들러 현을 퉁겨 받은 푼돈으로 싸구려 술을 사서 채워 넣었을 거야. 틀림없어.

노인의 이름은 회문으로 되어 있었는데, 동시에 문장이었네. 그리고 의문문으로 끝났지. 노인의 이름은 발음하기 무척 쉬웠어. 누구도 기인의 존함을 섣불리 여쭐 생각을 못했지만, 누구라도 한 번만 들으면 곧장 발음할 정도로 간단했지. 이런저런 복잡한 이름이 그윽한 시대에 발음하기 쉬운 이름을 가졌다는 건 축복이었네. 그 이름이 무엇인지는 훗날 들려주도록 하지.

아무튼, 역설적이게도 노인의 이름이 무슨 뜻인지는 아무도 알지 못했네. 나도 예외는 아니었지. 나는 멸망한 제국들의 역사에 조금은 조예가 있는 편이었고, 어떤 부모들은 자식들에게 죽은 국가의 영웅들의 이름을, 심지어 도로나 다리의 이름을 물려주기도 한다는 걸 알고 있었지. 하지만 노인의 이름은 그런 것들과는 사뭇 거리가 있었어. 내가 아니었다면, 그리고 노인에게 직접 물어서 확인하지 않았더라면, 감히 그 이름이 회문이고, 문장이고, 의문문으로 끝나는 기상천외한 이름이란 걸 우리에게 알릴 수 없었을 테야.

내 일과는 이러했지. 우선 아침에는 잠에서 깨어 일어나네. 찬찬히 식당 칸으로 가서 커피를 두 잔 내리지. 꼭 두 잔만 내리네. 한 잔으로는 부족하고, 사실 두 잔도 부족하지만, 세 잔 부터는 향을 즐길 여유가 사라지고 말아. 그래서 두 잔으로 만족하도록 노력하지.

한 잔은 바로 마시고, 다른 한 잔은 방으로 돌아와 마시네. 차창을 열면 시끄러운 엔진 소리 틈으로 사막의 볕내음이 느껴지는데, 압착 커피에 설탕을 한 꼬집 넣어 섞고 볕내에 그을려 마시면 진수성찬이지.

그리고 조수가 커피잔을 가져갈 때까지 기다렸다가, 비로소 일과를 시작하네.

내 일과라고 해 봤자 낮별을 보고 별들의 가계도를 그리는 평범하고 지루한 일과뿐이지. 하지만 난 이 일에 보람을 느끼고 있다네. 우선 기차에서 일할 수 있다는 점이 그렇지. 우리가 모두 잘 알다시피 이런 일은 보통 산이나 바다 한가운데서밖에 할 수가 없지. 하지만 내가 관찰해야 하는 별들은 낮별이고, 낮별은 밤별과 달리 부끄러움이 심해서 같은 자리에서 계속 관찰할 수 없지. 관측경의 조향기를 차츰 돌려가며 쫓으며 관측해야 하고, 때로는 지평선 너머로 숨어 버리는 터라 대지의 곡률을 초월할 수 있도록 열기구를 띄워야 하니까. 그래서 기차가 제격이지. 기차는 이 모래벌판의 제국을 3년 주기로 순회하기 때문에, 3년 동안 매일 다른 장소에서 낮별을 볼 수 있으니까.

그렇게 꼬박 하루에 걸쳐 낮별을 관측하다 보면 땅거미가 내리지. 기차가 아무리 빨리 달려도 하루보다 빠를 수는 없는 모양이야. 밤이 시작되면 낮별은 빛으로 자신을 가리고, 난 조수를 퇴근시킨 뒤 침대로 눕지. 오늘은 기필코 일찍 일어나서, 내일은 커피를 한 잔만 마시겠다고 다짐한 채. 그렇지만 내 다짐은 늦은 밤 귀뚜라미 소리가 들리면 물거품이 된다네.

기차에 귀뚜라미가 있을 리 없지. 하지만 나는 매일 밤 귀뚜라미 소리를 듣네. 그건 그리움의 소리일세. 내가 한때 우리와 같은 곳에 있던, 나무와 풀과 산 같은 '녹색'이 근처에 있던 시절 들었던 그리움이 소리가 되어 찾아오는 거지.

새로운 경험을 반복하다 보면 이전 시절의 기억은 사그라들기 마련. 하지만 그리움은 온갖 기억들이 증발한 뒤에도 사라지지 않고 남은 끈적한 검댕 같은 거야. 농축된 추억은 누구라도 얕볼 수 없어. 나는 어쩔 수 없이 침대에서 일어나 짐칸으로 가네.

짐칸은 앵무새로 북적이지. 이 기차에선 앵무새를 전서구로 쓰네. 비둘기는 고작 편지를 전할 뿐이네. 하지만 앵무새는 활자가 전하지 못하는 것들까지 전할 수 있지. 예를 들자면 보내는 이의 다급함 같은 것들 말이네. 활자는 한계가 명확해. 활자는 태초부터 고전적이었지. 활자는 모든 것의 기반이지만, 밑동만 가지고 건물을 지었다고 말할 수는 없는 노릇이매. 그것이 이곳에서 앵무새를 전서구로 쓰는 이유야. 이런 까닭에 우리에게 보낼 편지에 여러 가지 그림을 첨부했네.

앵무새들은, 아직 전서가 녹음되지 않은 앵무새들 사이로 노인이 낮에 승객들과 주고받았을 이야기들을 메아리치고 있지. 가령 평생 뿔을 탈각하지 않아 나무가 된 수노루에 관한 이야기들 말이야. 노인은 흥미로운 이야기들을 많이 알고 있네. 앵무새들이 인간이나 승무원들의 전서구라면, 노인은 역사의 전서구나 마찬가지야.

나는 노인에게, 크지도 않고 적지도 않은 애매한 금액을 건네네. 노인은 돈을 받지 않고도 기타를 켜지만, 그럼에도 나는 언제나 몇 푼이라도 건네기 위해 노력하네. 노인의 술이 좀 더 좋은 것으로 바뀌어 있길 기대하는 건 아니야. 다만, 기차에서 누리기 힘든 사치를 누렸는데, 대가를 지불하지 않는다면 그건 도둑놈 심보 아니겠는가?

노인이 싸구려 증류주를 한 모금 들이키고, 현을 한 줄씩 퉁기며 조율을 마치면, 나는 비로소 부탁할 수 있네.

이야기를

우리가 돌아갈 수 없는 시절의,

폭력적이고 외설적이지만, 그립고 저돌적인 이야기를.
수려함과 투박함을 자유롭게 넘나드는 환상의 연주와 함께.

우리는 내 특기를 알고 있네. 나의 특기는 필사지. 내가 필사하지 못하는 것은 없어. 서쪽 하늘의 별무리가 반짝이는 소리부터, 빠른 곡조의 음악까지, 나는 모든 걸 필사할 수 있네. 낮별은 찰나 동안 번쩍이기 때문에 낮별을 관측하는 별지기들의 기초적인 소양은 필사일세. 필사의 가장 큰 장점은, 만물을 활자에 봉인할 수 있다는 걸세. 나는 노인이 이야기를 할 때면, 매번 그 이야기를 정확하게 필사하지.

노인의 이야기는 대체로 구전 설화 같은 느낌을 주네. 위에서 말한 것과 같이, 탈각하는 걸 까먹어서 나무가 된 숫사슴 이야기부터, 풍성한 털을 깎길 거부하고 등선해서 구름이 된 알파카, 배수구에 빨려 들어가 바다로 흘러간 고양이 이야기. 우리가 어릴 적 어머니가 귓바퀴로 흘려 넣어 주신 이야기들을 듣네. 눈으로 보는 것이 진실인 양 떠들고 다니는 성인들의 사막에서 상상의 여지를 주는 이야기들은 늘 멋지기 마련.

그러나 안타깝게도 방으로 돌아와 필사된 이야기를 다시 보면,
공책엔 그저 활자뿐이야.

공허에 말미암아, 침대에 누워 머릿속으로 숲길을 그린 채, 처음와 보면서도 익숙한 장소에서 상상으로나마 허우적거리다 보면, 나는 어느새 꿈속에 와 있고, 기차는 밤하늘을 지나 새로운 하루에 다

가서 있네. 지평선에서 떠오른 여명이 모래벌판을 타고 기차를 향해 달려와 부딪히네. 빛으로 된 파도처럼 일등칸 얇고 얇은 강화유리창을 뚫고 쏟아지네. 볕은 온기를 지닌 화살이 되어 나를 깨우고, 나는 피곤에 절여 침대에서 몸부림 치다가도, 결국 새로운 하루를 시작하기 위해 일어서야 하네.

식당 칸으로,

커피 한 잔.

그리고 다시 커피 한 잔.

앞서 말했듯, 나는 볕내음이 좋아. 볕내는 숲과 사막이 지니는 유일한 공통점이네. 숲은 엽록소의 푸르댕댕한 향이 섞이고, 사막은 모래먼지의 그을린 유리 향이 멋대로 섞여들 뿐, 결국 같은 향이니까. 결국 세상 어디에 있든, 우리는 하늘 아래 있는 셈이라는 걸세.

숲이 그립네.

숲이 영원히 그리울 거야.

나는 숲을 그리워한다.

기차는 황무지를 가로지르고,

나는 별들을 관측할 준비를 한다.

어이쿠. 벌써 시간이 이렇게 되었구먼. 사실 난 오늘 하루 일과를 마치고 잠들기 전에 편지를 붙이고 있다네. 이곳의 전서구는 앵무새 밖에 구할 수 없는 탓에, 내일 열차가 정차하면 편지를 묶을 비둘기를 찾아볼 생각이야.

　정 비둘기가 없다면 직접 편지를 들고 숲으로 갈 수도 있겠지. 휴가야 얼마든지 낼 수 있으니까.

　다음 편지를 보낼 때까지 부디 건강하시게.

　우리를 위해, 친구가.